D0508124

Le Petit Livre des fantasmes

Valmont

Le Petit Livre des fantasmes

 TRAIT D'UNION

ÉDITIONS TRAIT D'UNION
428, rue Rachel Est
Montréal (Québec)
H2J 2G7
Tél. : (514) 985-0136
Téléc. : (514) 985-0344
Courriel : editionstraitdunion@qc.aira.com

Mise en pages : Édiscript enr.
Maquette de la couverture : Olivier Lasser

Données de catalogage avant publication (Canada)

Valmont, 1967

    Le petit livre des fantasmes

    (Eros fabula)

    ISBN 2-922572-79-X

    1. Fantasmes. 2. Fantasmes sexuels. 3. Femmes – Sexualité.
4. Hommes – Sexualité. I. Titre. II. Collection.

BF175.5.F36V34 2002   154.3   C2001-941763-2

DISTRIBUTEURS EXCLUSIFS

POUR LE QUÉBEC ET LE CANADA

Édipresse inc.
945, avenue Beaumont
Montréal (Québec)
H3N 1W3
Tél. : (514) 273-6141
Téléc. : (514) 273-7021

POUR LA FRANCE ET LA BELGIQUE

D.E.Q.
30, rue Gay-Lussac
75005 Paris
Tél. : 01 43 54 49 02
Téléc. : 01 43 54 39 15

Nous remercions le Conseil des Arts du
Canada de l'aide accordée à notre
programme de publication.

Nous bénéficions d'une subvention
d'aide à l'édition de la SODEC.

Pour ma petite Coccinelle

Avertissement

Certains textes figurant dans ce livre ont été élaborés par l'auteur en s'inspirant des réponses reçues au questionnaire qu'il avait préparé et envoyé à des personnes qui souhaitaient conserver l'anonymat.

Tous les personnages mentionnés sont fictifs. Toute ressemblance avec des faits, des personnes réelles ou des lieux existant ou ayant existé ne saurait être que pur hasard.

Introduction

Nous avons tous des fantasmes. Que nous cachons aux autres. Que nous n'osons pas nous avouer. Ces petits bouts de film accumulés au fil de notre vie et ramassés bien souvent dès l'enfance nous accompagnent dans le grand voyage de notre sexualité. Quelquefois ils nous distraient, nous interrogent ou nous inquiètent. Ils sont un dérivatif à nos peurs, une soupape de sécurité à nos colères et à nos frustrations. Parfois aussi ils sont un gouffre si noir qu'ils nous effraient. Regardons-les bien en face. N'ayons pas peur de nous voir réellement à travers eux, car ils sont les clés trop souvent oubliées de notre personnalité.

Les fantasmes qui suivent constituent une bien étrange bibliothèque, à la fois drôle, romantique, instructive et terrifiante. Qui sait, en lisant ceux des autres, vous découvrirez peut-être que les vôtres ne sont pas si terribles que ça !

Valmont

1
Bouche sous la douche

*J*e revenais du travail. Une heure de bus, les passagers qui lorgnaient mes seins, c'était l'été. Je croyais être seule dans l'appartement, pourtant la douche coulait, fraîche et parfumée. Je fis le tour du logement. Vide. Exténuée, je succombai à la tentation, me glissai nue sous la douche en laissant errer mes mains sur mon corps. Quand je sentis un chatouillement bienfaisant au creux des cuisses, je compris que je n'étais plus seule.

Mon mari ajusta son visage et sa bonne barbe drue sur mes lèvres du bas, puis il entreprit de me souhaiter la bienvenue à sa façon. Je réalisai soudain qu'il mettait enfin en pratique un de mes fantasmes dont nous avions parlé des mois plus tôt.

Laura, 38 ans

2

Bruschettas et saumon

C'était au restaurant, *bruschettas* et petite salade au saumon. La table était si minuscule que nos genoux se touchaient sous la nappe en dentelle. Mon ami était penché sur moi, nos deux visages éclairés par une chandelle parfumée au bleuet. Il avait de grands bras et surtout de longs doigts que personne ne pouvait voir se faufilant sous ma jupe, fouillant mes cuisses, écartant l'élastique de ma petite culotte en satin noir.

Autant vous dire que mes gloussements de satisfaction devant le serveur ne faisaient pas seulement l'éloge de la salade au saumon, pourtant délicieuse…

Maude, 23 ans

3
Mon Viking

J'aime la position du missionnaire. Ce n'est peut-être pas la plus originale, mais elle est indémodable. La pénétration est satisfaisante et, surtout, les mains tendues au-dessus de la tête, je peux m'imaginer prisonnière d'un fougueux guerrier viking, enchaînée sur son drakkar au milieu des flots presque aussi déchaînés que moi.

Marie-Ève, 26 ans

4
Les soirs d'été

*E*n attendant à un feu rouge, un soir d'été, je remarquai sur le boulevard deux jeunes gens assis sur un banc. Soudain la fille se leva, dit quelques mots à l'oreille de son compagnon, releva sa courte jupe, puis s'assit à califourchon sur ses genoux. Quand le feu passa au vert, hypnotisés par les mouvements de hanches de la demoiselle, aucun des six conducteurs en ligne derrière moi ne klaxonna une seule fois…

Jean, 24 ans

5
Jupe sur canapé

J'aime réchauffer ma conjointe longtemps à l'avance, souvent dès la prépa-
ration du repas. Un baiser d'abord, humide et
appuyé sur le cou, tout en transmettant à sa
chute de reins la chaleur de mes mains. Puis
(je saute quelques étapes), alors que nous re-
gardons les nouvelles, je laisse errer ma main
sur sa cuisse. Je m'arrête, pose ma joue sur son
sein. Si elle ne dit rien, mes doigts se glissent
au creux de son nid douillet que je masse lentement dans le sens des aiguilles d'une montre à travers le tissu de sa petite culotte…

jusqu'à ce que le satin devienne si chaud et si mouillé que le présentateur pourrait annoncer la fin du monde pour ce soir, on s'en foutrait éperdument !

Pierre, 42 ans

6
La ruelle

Nous étions tous deux un peu éméchés cette nuit-là. Après avoir bu et dansé pendant des heures, nous sortîmes du club. Il faisait un peu froid et je ne portais aucun sous-vêtement, mais mon sang était si chaud que je ne sentais rien. Au détour d'une ruelle déserte, nous avons échangé un regard, un seul, de connivence, de désir mutuel… J'avais passé des heures à regarder la bosse de son pantalon tandis que nous dansions. Et quand nous buvions nos bières, je savais qu'il savait – à la façon dont je le regardais – que ce n'était pas seulement de la bière que je buvais. Et j'avais encore soif, et je ne voulais pas attendre d'être rentrée chez nous. Alors, répondant à mon désir, il me mit à genoux contre le mur et m'étouffa à demi en m'enfonçant violemment son pénis énorme dans la bouche. Je n'étais plus moi-même, pas plus que lui d'ailleurs.

C'était brutal mais je savais que c'était un jeu. Je le suçai longtemps malgré les phares des voitures qui nous éclairaient fugitivement, et le goût de son sexe dans ma gorge en feu valait bien toutes les bières du monde.

Kaline, 38 ans

7
Tandem électronique

*J*e suis un play-boy employé par une entreprise qui garantit à ses clientes des fantasmes et des orgasmes sur mesure. Afin d'être à la hauteur de sa réputation, la compagnie utilise une technologie de pointe. Des implants électroniques, placés dans mon pénis et mes testicules, sont reliés à mon cerveau. Ils contrôlent mon érection, l'excitation ainsi que l'éjaculation. Ce que ma cliente ignore tandis que je lui fais l'amour avec l'endurance, la tendresse et la patience qu'elle a exigées dans son contrat, c'est que ma partenaire, cachée dans une pièce voisine équipée d'un miroir sans tain et de tout un système d'écoute, contrôle mon pénis au moyen d'une télécommande. Service garanti. On n'arrête pas le progrès !

Peter, 25 ans

8
Ciel, que ce serait bon !

J'en rêve et pourtant je sais que si je le faisais j'en mourrais peut-être. Car comment le réussir, je veux dire de si haut (d'abord, j'ai le vertige) et dans tout ce vide autour de nous ? Il faudrait se caresser mutuellement avant pour se préparer, mais on ne serait pas seuls, forcément. Et encore, il faudrait que ce soit l'été, dans les Caraïbes de préférence, car il doit faire drôlement froid. Comment lui prendre le pénis et ne plus le lâcher ? Tout nu, ça doit faire une sacrée impression !

Tout de même, j'aimerais bien sauter nue en parachute et faire l'amour dans les airs, car il paraît qu'après avoir ouvert notre parachute nous disposons d'environ vingt minutes… de septième ciel !

Annie, 36 ans

9
Regardez-moi

*L*es samedis matin d'été, c'est plus fort que moi, il faut que je sorte. Mon mari me connaît. Il se lève, prend une douche, se prépare… tout en grommelant que je ne suis décidément pas une fille conventionnelle. J'éprouve le besoin de me ressourcer dans mon jardin, de dire bonjour à mes arbres, de respirer le parfum de mes roses et de laisser le vent frais caresser mon corps nu. Je crains toujours de me trouver nez à nez avec un de mes voisins ; d'ailleurs, je suis certaine qu'ils se tiennent fidèlement cachés derrière leurs stores.

Après quelques minutes passées à émoustiller ainsi tous mes sens, je suis prête à toutes les aventures. Et mon mari n'a jamais lieu de s'en plaindre... finalement !

Lynne, 45 ans

10

Plaisirs volés

*J*e n'ai jamais osé parler à ma jeune voisine. Elle habite juste en face de chez moi. Nos fenêtres de chambre communiquent. Je connais la moindre de ses habitudes ; à l'heure, presque à la minute près. En un sens, depuis deux ans, nous vivons ensemble. Quand un de ses amants la déshabille puis lui fait l'amour, elle se tient toujours debout devant sa fenêtre. Une lumière d'appoint, peut-être une chandelle, est allumée dans sa chambre, car sa silhouette se découpe à contre-jour. Tant et si bien que je distingue nettement l'expression de son visage quand l'homme la remplit complètement.

Hier j'ai appris qu'elle allait déménager. Depuis, je cherche en vain quel cadeau je pourrais déposer discrètement sur le pas de sa porte…

Félix, 45 ans

11

Longtemps

*C*omme dans la célèbre chanson de Gainsbourg, j'aime fouiller une femme jusqu'au fond de ses reins. Je prends mon temps. Je l'accompagne au bout de son voyage. Pour cela j'affectionne tout particulièrement la position de l'éléphant. La femme est allongée sur le ventre, moi sur elle, le visage dans ses cheveux ! Quand je sens que je viens et qu'il est trop tôt, je respire profondément ; ça calme mon ardeur. Ainsi nous pouvons continuer encore longtemps…

Daniel, 37 ans

12
Tout pour la musique

*J*e vois la vie en notes de musique, et l'amour n'y échappe pas. J'entreprends mes partenaires sur fond sonore, adaptant mes caresses au tempo et le poids de ma main au type d'instrument : cela va du chatouillement de la flûte au massage plus lourd et plus rude du tambour, progressivement, crescendo devrais-je dire, jusqu'au paroxysme final et son apothéose. Quand ma partenaire entre dans mon jeu, nous en sortons épuisés et ravis ; quand elle est réticente, je la respecte et joue alors dans ma tête les plus folles symphonies.

Le *Boléro* de Ravel, c'est pour les débutants !

Bernard, 43 ans

13
Jamais à court de moyens

*J*e suis affublé d'un petit pénis. Ce n'est pas forcément mauvais, surtout quand on compense par une imagination créative et une grande ouverture d'esprit. De femme en femme, je m'adapte, et surtout je m'équipe ! Vibromasseurs, crèmes, gels, accessoires : toutes les formes, toutes les couleurs, pour tous les goûts. Je ne pars jamais en voyage sans mon attirail, choisissant l'objet qui plaira le plus à la belle. Ainsi, je ne dépends pas uniquement de ce que la nature m'a donné pour faire jouir une femme…

et aucune d'entre elles ne s'en est jamais plaint…

David, 43 ans

14
Ma caresse la plus savoureuse

J'aime me tenir debout devant un homme assis. Position de contrôle, de supériorité ? Je l'ignore. Ce que je sais, c'est que son visage frôle mon bas-ventre. Je peux me presser tout entière sur sa bouche et sentir son souffle chaud sur mon nid déjà tout humide. Mais ce que je préfère, c'est quand il prend mes fesses dans ses grandes mains, les soupèse comme deux fruits souples et satinés. Ses doigts s'accrochent, se rapprochent de ma raie, tout près du périnée.

Il ne me reste plus alors qu'à l'attraper par les cheveux et à le désaltérer de ma douce boisson faiblement alcoolisée mais tendrement aphrodisiaque…

Véronique, 30 ans

15
Tendres baisers

Sur mon ventre encore tout humide de nos ébats, ses lèvres si douces, sa langue aventurière, le piquant de sa barbe de quelques heures à peine, encore, encore plus bas, irrésistiblement, tandis que ses mains pétrissent mes seins douloureux d'avoir été malaxés et goûtés, avalés ; ses mains qui se glissent sous mes fesses, explorent, s'introduisent, palpent, appuient et roulent en moi jusqu'à me faire chavirer de nouveau…

Céline, 36 ans

16
Équitation équitable

*R*ien de moins original que de faire du cheval sur son mari quand on a trop peur des vrais quadrupèdes. J'aime me déshabiller lascivement devant lui, puis l'attacher avec des foulards de soie aux montants métalliques de notre lit. Pour m'assurer de la dureté de son membre, je prends les grands moyens, moi qui suis très gourmande de cette friandise-là. J'aime contrôler la pénétration de son long soldat, l'introduire en moi puis m'en arracher, centimètre par centimètre, au gré de mon seul plaisir, sans jamais m'occuper (ni rire) des mimiques frustrées de mon partenaire.

C'est mon tour après tout ! Puis, quand je sens que je viens, je lui serre fort les testicules et lui donne enfin la permission d'exploser en moi. Délectable.

Mylène, 42 ans

17

Chaise longue et longue queue

Sous ma pergola, je suis la reine de l'été. J'y invite des amis pour de longs soupers accompagnés de vins d'Italie. Le vrai dessert vient après leur départ, lorsque mon amant installe ma chaise longue sous le treillis de fleurs et m'y allonge sur le ventre. Autour de nous, les gicleurs arrosent la pelouse tandis que, le visage perdu dans l'herbe humide qui me chatouille les joues, je l'imagine qui baisse son pantalon et sort son membre bleui de désir pour me pénétrer par-derrière.

Les fesses tendues, j'anticipe la délicieuse brûlure puis la montée de mon plaisir. Quand enfin il s'enfonce en moi, je fixe l'herbe gorgée d'eau et m'imagine ainsi arrosée d'une semence chaude et abondante… ce qui ne tarde jamais à venir, pour notre plus grand bonheur !

Alice, 38 ans

18
Choix d'un soir

L'ambiance échauffée de ces clubs de danse un peu sauvages me fait bouillir le sang au moins une fois par semaine. C'est l'endroit idéal pour la chasse. Une robe de cuir plaquée sur le corps, maquillée et parfumée comme la courtisane que je suis, je pénètre dans l'arène en conquérante habituée à repérer le nouveau gibier. J'évite les teints pâles, les yeux trop clairs, ces hommes privés de lumière intérieure. En dansant, j'attire ma proie, insensiblement, sans avoir l'air d'y tenir, comme une mante religieuse ; il ne faut surtout pas que l'homme se doute que je coule pour lui et que mes seins, lorsqu'il les frôle, m'arrachent déjà des gémissements. Ensuite je l'attire à l'écart pour une première bière, le laisse me caresser pour voir si ses mains sont aussi douées que son corps pour m'échauffer la chair.

Dernier test avant de l'embarquer pour un voyage dont il se souviendra toute sa vie : l'entrejambe, qui doit impérativement se montrer impétueux.

Kaline, 38 ans

19
La cuillère

Après l'amour, allongée sur le côté gauche, genoux légèrement repliés, j'aime sentir le corps chaud de mon mari dans mon dos, et ses jambes mêlées aux miennes, et ses baisers brûlants sur ma nuque, et son bras sur ma poitrine, ses doigts pinçant mes mamelons puis descendant sur mon ventre, se faufilant entre mes cuisses toutes douces. Car il sait, le chenapan, combien il multiplie ainsi ses chances de me voir me retourner et lui refaire la peau comme une sauvagesse…

Brigitte, 28 ans

20
Pincements africains

C'était horrible en ce temps-là. Depuis qu'un ami m'a raconté cette anecdote, j'en suis toute retournée. Afin d'empêcher les jeunes filles de connaître le plaisir par elles-mêmes, certaines peuplades d'Afrique sectionnaient autrefois leurs petites lèvres. Cette image d'un grand prêtre noir saisissant de ses gros doigts les lèvres intimes d'une fille attachée nue à un arbre (le tout comme il se doit au son des tambours et des chants sauvages) m'aide souvent à jouir quand mon partenaire ne se montre pas à la hauteur.

Depuis, je ne rêve que de faire l'amour avec cet ami qui m'aime peut-être, me désire sans doute… et qui a certainement tout inventé parce qu'il me connaît trop bien…

Karine, 22 ans

21
Sauver notre couple

*I*l n'arrivait jamais à m'accompagner jusqu'au bout, disant que c'était trop bon d'être en moi pour tenir longtemps. Parfois j'étais à deux doigts de parvenir à l'orgasme mais, après avoir éjaculé, son pénis se froissait comme du papier à cigarettes et ressortait dans un ploc! frustrant. Deux doigts, j'ai dit! Mais monsieur n'osait même pas s'aventurer ainsi pour me terminer à la main. Je désespérais, quand une amie me montra un petit objet mystérieux, caoutchouté et contondant à loisir. Il faut se l'introduire dans l'anus tandis que l'homme nous besogne tout son soûl. D'abord sceptique, je tentai l'expérience. Quel chatouillement divin ! Depuis, je ne saurais m'en passer.

Mon mari éjacule toujours trop vite mais ça m'est égal ; grâce à l'objet magique, je viens presque tout de suite et c'est bon, bon, si bon. Plus question de séparation !

Pascale, 39 ans

22
Piña colada, s'il vous plaît !

*I*l est une gourmandise que je me permets lorsque mon amant est vraiment bien membré. Une sorte de *delicatessen*, si j'ose dire… Je verse dans ma main une noix de gel au *piña colada*. J'en enduis ensuite le pénis de mon partenaire et le caresse langoureusement, de la base au sommet et vice versa – un vrai vice chez moi, cette manie de toucher à tout –, sans oublier bien sûr les amourettes, qui tressautent entre mes doigts bien huilés.

Quand je le sens cuit à point, je m'offre le dessert et me sers, comme on dit, le digestif le plus tropical que je connaisse !

Béatrice, 40 ans

23
Savoureux réveil

*J*e l'avoue, je suis une exception dans la gent féminine. Un homme doit savoir qu'avec moi c'est toujours oui, d'accord, n'importe où, n'importe comment. Ça le rassure et l'excite perpétuellement. Ainsi, je suis toujours belle et désirable à ses yeux, même en pleine nuit après une série de joutes spectaculaires qui nous ont laissés tous deux épuisés et ravis. Vraiment, je suis toujours chaude et humide, prête à toutes les incursions. Aussi, quand à trois heures du matin je m'éveille sous la poussée délicieuse d'un membre durci, il sait qu'il ne risque pas de se faire battre… sauf bien sûr si c'est ce qu'il veut! Je me souviens d'ailleurs d'un réveil très érotique. Je rêvais que je visitais Florence, c'était l'été et je dégustais une glace énorme et fraîche.

Eh bien! en m'éveillant, ce n'était plus une glace que je dégustais, mais j'ai continué de sucer avec un grand plaisir gourmand jusqu'à désaltération complète et assèchement total. On a souvent la gorge sèche, la nuit. Attention, messieurs, nous ne sommes que 3 % à aimer ce genre de réveil. Aussi, sachez nous chasser (sans bégayer) et nous reconnaître…

Kaline, 38 ans

24
Amours préhistoriques

*U*n homme s'introduit dans ma couche. Je frissonne, j'ai peur, car je suis encore vierge. La coutume de mon clan est cruelle. Elle veut que je sois dépucelée par un étranger. Pourtant, je suis heureuse. L'homme est jeune, beau et sacrément bien membré. Et puis, c'est son métier d'initier les jeunes femmes aux plaisirs sensuels. Il est très doux, me parle lentement, guide mes mains sur mon corps afin de me le faire découvrir. Nous rions beaucoup. Il sait comment transformer mon corps en brasier ardent !

Je m'abandonne totalement, car je sais qu'il ne cherche qu'une chose : me faire aimer le sexe afin de mieux honorer celui qui deviendra mon mari... sans doute un gros ours mal léché qui me prendra sans douceur, comme l'homme avec qui je partage hélas ma vie mais que j'oublie en rêvant à mon bel initiateur...

Martine, 42 ans

25
28 %

Chaque fois que je vois une jolie fille (surtout l'été quand elles portent des jupes très courtes), je me pose la même question. C'est même ma distraction préférée quand je prends le métro. Sans avoir trop l'air de les regarder, j'imagine que je les aborde et les séduis en quelques phrases. Nous passons rapidement à la prochaine étape, d'ordinaire les toilettes publiques, où, avec expertise et doigté, je vérifie ce que j'ai appris avec stupéfaction de la bouche d'une sexologue. J'aime sentir mes doigts pénétrer la chair douce et brûlante de leur vagin. Je les connais bien même s'il n'y en a pas deux pareils.

Et quand, enfin, elles gémissent et se mordent les lèvres pour ne pas crier, je sais… qu'elles ne font pas partie des 28 % de femmes qui ne possèdent pas de point G…

Mike, 26 ans

26
Truc anal

J'ai découvert dernièrement une façon merveilleuse d'avoir un orgasme. Il m'en a fallu du temps avant d'accepter l'idée de me faire pénétrer « par la porte de derrière ». Mon partenaire, plein de douceur, de compréhension et d'humour (très important), m'a finalement persuadée. Quelle horrible brûlure ! Presque insoutenable si elle n'était suivie de cette tout aussi horrible explosion de plaisir digne d'une bombe atomique miniature.

L'astuce, c'est de pousser pendant que ton partenaire s'introduit en toi. Ça facilite drôlement les choses, et puis, il est essentiel qu'il ne soit pas trop dur ni, bien sûr, trop mou. C'est déjà tout un délice que de travailler son pénis pour qu'il soit cuit à point...

Sandrine, 39 ans

27

Ascenseur-repas

*M*ême si j'approche de l'âge où on pense que les hommes ne devraient plus penser à ça, j'adore prendre l'ascenseur en compagnie des belles secrétaires qui travaillent dans ma tour. Je m'attache (mentalement) à celles qui portent volontiers des jupes courtes. Leurs longues jambes fuselées me mettent l'eau à la bouche, surtout quand approche l'heure du déjeuner. Nous sommes seuls tous les deux et l'ascenseur file vers son centième étage. J'ai alors tout le temps de me jeter à ses genoux, de lui pétrir doucement les jambes, de glisser ma bouche sous sa jupe, de lécher avec délice la chair tendre de ses cuisses. Plus je progresse, plus il fait chaud là-dessous.

Je mordille un peu le tissu de sa petite culotte, l'écarte d'un doigt fureteur… puis je prends mon déjeuner, en m'attardant au dernier étage. Si je n'étais pas si vieux, je me risquerais à le faire pour de vrai !

Jean-Claude, 63 ans

28
Le pouvoir du noir

*J*e suis vieux jeu quand je fais l'amour. Il m'est en effet impossible de regarder mon partenaire en face. J'ai peur de son regard et j'ai du mal à me laisser aller si je sais qu'il peut voir mon visage. « Tu es si belle quand tu as un orgasme, me dit-il. Ta peau resplendit, ton visage irradie, tes traits se détendent, on dirait que tu redeviens une jeune fille innocente et fragile. Le visage d'une femme ne vieillirait jamais s'il était constamment embrassé par l'homme qui l'aime, et toutes les compagnies de crèmes de beauté feraient faillite ! »

C'est un poète, mon mari mais, c'est plus fort que moi, pour gémir, crier, hurler tout mon soûl, j'ai besoin d'être dans l'obscurité totale. Et alors il ne dit plus rien, il est heureux lui aussi.

Geneviève, 53 ans

29

Dessert de femme

*M*es amants souffrent quand je les abandonne. Ils me disent que jamais une femme ne les a traités comme moi. Que puis-je y faire ? J'aime les hommes et plus particulièrement leur pénis. Je les goûte tous. Il le faut. J'aime donner de la joie sinon de l'amour, et ils le sentent. Afin de ne pas me lasser un jour de leur liqueur délicieuse, je prends soin de les déguster à toutes les sauces, à tous les vins et à tous les alcools… Et je compose même mes menus avec, à l'esprit, des plaisirs toujours inédits.

Ce que je préfère, c'est l'éclat de leurs yeux quand je m'agenouille, que je les déballe et, les embrassant, leur déclare en souriant : « Chéri, laisse-moi te vénérer… »

Kaline, 38 ans

30
Mon cadeau d'anniversaire

J'ai toujours rêvé de recevoir un homme en cadeau. Comme je ne peux qu'y rêver, j'imagine souvent que ma meilleure amie, devant qui tous les mâles de ce monde tombent à genoux, m'offre celui qu'elle appelle son esclave sexuel. J'ai du mal à la croire quand elle m'assure qu'elle a fait tatouer son prénom sur son pénis, mais je crève d'envie de vérifier la chose.

Il m'arriverait emballé et je pourrais l'attacher solidement en croix pour lui faire et lui faire faire tout ce dont j'ai envie (j'ai de l'imagination!) et que je ne peux pas me permettre autrement vu que, lorsque je les aborde, les hommes font les premiers pas… dans la direction opposée à la mienne.

Je l'aurais donc tout à moi, ce beau garçon qui est si fier de son immense pénis. Car mon amie m'aurait dit: «Tu sais, je ne l'utiliserai plus. J'en ai trouvé un autre. Je te le donne.» Eh bien! je vous jure que je lui ferais son affaire à ce jeune coq!

Anonyme

31

Le bonhomme Afrique

*M*a patronne est bizarre. Sur son bureau toujours en fouillis se dresse une petite statue africaine en ébène d'environ vingt centimètres de haut. Souvent je l'aperçois en train de fixer cette sorte de sorcier vêtu uniquement d'un pagne, au visage cruel et aux yeux brûlants. À quoi pense-t-elle, les mains tremblantes parfois quand elle le frôle ? Depuis quelque temps, je me surprends moi aussi à le contempler. Il est accroupi, mains sur les hanches (de grosses mains avec de longs doigts), le torse maigre, les côtes saillantes, si vivant qu'on l'entendrait presque respirer. Je crois savoir ce qui obsède ma patronne.

C'est le pénis du sorcier, un machin énorme qui pointe sous son pagne et qui la nargue. J'ai su que j'avais raison quand j'ai vu arriver son nouveau petit ami, un superbe Noir aussi noir que le sorcier d'ébène…

Marie, 32 ans

32
La bête à six mains

*J*e ne l'ai jamais fait mais je vous jure que, comme la plupart des hommes, je n'hésiterais pas si l'occasion se présentait. Avoir une petite amie qui ait une bonne amie et que toutes les deux soient assez larges d'esprit pour me permettre de les visiter tour à tour, bout à bout, dessus dessous… Cela risquerait d'être épuisant pour moi, mais alors, quel défi, quelle sensation divine (je l'imagine) que de les regarder me sucer et me grignoter les testicules, me goûter toutes deux en même temps, langues entremêlées et souffles suspendus.

Je ne veux pas mourir sans avoir, ne serait-ce qu'une seule fois, pénétré une femme de dos tandis qu'une autre tiendrait serrés dans ses mains mes testicules : ou une dans chaque main, ce qui serait, hummm, encore meilleur !

Gérald, 48 ans

33
Souhait ultime

J'imagine souvent que je suis atteinte d'un cancer en phase terminale ; surtout lorsque je déprime. Je rêve alors que je réalise mon plus noir fantasme… avant de mourir. Je fais part de mon idée à un directeur de club de danseuses nues et, comprenant ma situation, il accepte. Il organise un concours quelconque auquel participent une dizaine de clients, des hommes que j'ai choisis dans la salle. Ils gagnent tous, et se dirigent dans les coulisses pour recevoir leur prix. Anxieux, ils pénètrent dans une petite pièce noire, puis le directeur referme la porte derrière eux. Leurs cœurs se mettent à battre la chamade.

Soudain, ils sentent à tour de rôle une main sortir leur pénis de leur pantalon, puis une bouche chaude et mouillée doublée d'une langue tout aussi empressée leur fait connaître la jouissance totale jusqu'à la dernière goutte. Aucun de ces hommes ne verra jamais mon visage, mais tous se rappelleront ma bouche…

Anonyme

34
Le trophée

Quand je rencontre un nouvel amant, c'est ma première pensée. J'en ai envie depuis qu'à l'âge de douze ans j'ai sauvé la vie d'un de mes amis d'enfance. Il me plaisait beaucoup et je savais que sexuellement j'étais très en avance sur lui ; car les garçons de cet âge sont encore très gamins tandis que moi j'avais déjà vu le sexe d'un homme (ce serait trop long à expliquer). Le fait est que mon ami voulait absolument me remercier. Après m'avoir fait entrer dans sa chambre, il me dit, l'air très innocent : « Choisis quelque chose dans cette pièce, ce que tu veux, et ce sera à toi. »

Moi, je ne voyais que lui... et la petite bosse sur le devant de son short. Mais je ne pouvais pas lui dire que ce que je voulais par-dessus tout, c'était plonger ma main, là, et tout lui prendre !

Carole, 41 ans

35
Un amant regretté

*I*l avait le visage d'un ange mais les manières d'un démon. J'aimais chaque centimètre carré de son corps, et son odeur et ses yeux sur moi quand je jouissais à cheval sur lui. Ses caresses étaient à la fois douces et sauvages. Je comptais souvent sur mon corps les traces de ses griffures et de ses morsures, signes des nombreux orgasmes qu'il me donnait. Sa façon de me prendre les hanches brusquement, de me pincer fortement les seins et de me fesser avant de m'empaler devant puis derrière me fait encore frissonner. Il aimait me fouiller de ses doigts, de sa bouche, de sa langue, parfois dans les situations les plus inattendues : à un dîner chez mes parents, sous un escalier de secours en plein hiver, pendant une discussion philosophique avec plein d'amis qui faisaient semblant de ne pas savoir que, sous la table, il jouait de ses doigts en moi. Je ne m'appartenais plus, je me mordais les lèvres pour ne pas gémir, je craignais et guettais ses mains en public, sachant qu'il était attiré par les cabines d'essayage, dans lesquelles il me suivait pour me faire essayer lui-même la dernière petite culotte qu'il m'offrait en même temps qu'un cunnilingus bien mouillé.

Jamais plus je ne tiendrai son pénis dans mes mains, la nuit, après une journée entière de folies. Il est parti. Là où il vit à présent, je suis sûre que saint Pierre le tient à l'œil...

Kaline, 38 ans

36
Le petit homme

Je me trouve dans une caverne profonde, noire et dégoulinante d'humidité. Des gémissements, suivis de halètements, remplissent le silence. Attachée bras en croix à la paroi et nue sous la ceinture, je sais que j'ai été enlevée. D'ailleurs, je ne suis pas la seule. Les cris qui retentissent ne me trompent pas. Que se passe-t-il exactement ? Soudain, une forme toute recroquevillée s'avance vers moi dans la pénombre. Des mains rugueuses enlacent mes reins, caressent mes jambes, remontent le long de mes cuisses. Des lèvres épaisses et affamées se posent sur moi là où ça brûle le plus. Une langue avide à la fois douce et dure me boit sans répit. J'enroule mes jambes autour de cette bouche immense et entends mes propres gémissements résonner dans toute la caverne. (À ce point de mon fantasme, je jouis toujours.)

Autant vous dire que lorsque les policiers viennent nous délivrer, nous partons à toutes jambes à la recherche de notre petit homme…

Agnès, 36 ans

37
Cherche petit chien

*I*l est certains endroits où on ne peut entrer sans être extraordinairement accompagnée. Je m'étais bien préparée : robe délicieusement fendue de toutes parts, très collante, coupée dans un tissu particulièrement voluptueux. Seins en silicone pour l'occasion, car les miens sont petits, durs et affamés, mais pas assez exhibitionnistes à mon goût. Toutefois, il me manquait le principal. Je fis le tour de mes amants d'un soir et battis le rappel pendant des semaines. Aucune âme courageuse pour m'aider dans cette grande entreprise.

Je le cherche encore, mon petit homme-chien qui m'accompagnerait en laisse, tout nu, à quatre pattes bien entendu et dont je pourrais généreusement offrir la bouche et la langue à toutes les femmes présentes dans ces lieux où le don de soi est de rigueur et la recherche du plaisir, la règle absolue.

Anonyme

38
Joyeuses Pâques

*J*e me rappelle le collège, ce temps béni où les garçons tentaient maladroitement de nous caresser les fesses, histoire de se distinguer des autres. Je me souviens de nos mines effarouchées, de nos coups de pied, de nos plaintes et de nos frustrations, car ce n'était jamais le garçon que nous voulions qui s'aventurait ainsi ! Ils avaient aussi entre eux une curieuse coutume quand approchait Pâques. C'était un jeu barbare d'essayer de se donner les uns les autres des coups aux testicules en criant bêtement : « À Pâques on casse les œufs ! »

Ils ignoraient combien j'aurai voulu qu'un d'entre eux en particulier me demande de le conduire à l'infirmerie. En chemin, comme il aurait eu trop mal pour continuer à marcher, j'aurais ouvert son pantalon et soulagé sa douleur par de tendres caresses qui, à coup sûr (je le sais maintenant), auraient eu des effets calmants et peut-être davantage…

Marie-Sol, 36 ans

39
Un cadeau à mon copain

*L*es anniversaires méritent d'être fêtés et je tenais particulièrement à gâter mon copain. Je savais ce qu'il souhaitait. Après une folle nuit passée sur une plage des Caraïbes, il me l'avait avoué à mi-voix à l'oreille, craignant ma réaction. Décidée, je me mis à la recherche de la candidate idéale, puis je m'arrangeai pour les laisser seuls tous les deux. La jeune femme ne tarda pas à entraîner mon copain jusqu'au lit... en le tirant par le pénis ! Ils étaient déjà bien échauffés quand, dans l'obscurité, je me glissai à mon tour sous les draps. Lorsqu'il sentit un deuxième corps se frotter contre lui et deux mains supplémentaires lui attraper les testicules, mon copain fut d'abord surpris. Mais il dut reconnaître mes caresses, car il grogna de plaisir et nous fit l'amour à toutes les deux, sans faiblir, avec une ardeur qui faisait plaisir à palper. Nous pûmes nous goûter l'un l'autre et l'une l'autre, bras et jambes mélangés, ruisselants, pendant une bonne partie de la nuit.

Au petit matin, notre partenaire s'en alla sur la pointe des pieds : elle avait rempli son contrat ; il me fallait maintenant avouer à mon copain que sucer une fille dans le noir tandis qu'il me pénétrait par-derrière avait été la plus délicieuse expérience de ma vie.

Sabine, 39 ans

40

Ma méthode à moi

*J*e n'arrivais jamais à jouir seule, et pas davantage avec mon amant. J'étais mal partie, me direz-vous, et je me voyais déjà vieillir sans connaître ces méga-orgasmes dont les collègues de bureau ne cessaient de parler. Apparemment, soit il me manquait quelque chose, soit mon amant n'était pas aussi doué qu'il le prétendait. Pourtant, son érection était solide et son membre me plaisait beaucoup. Il fallait que je trouve une solution, sinon j'allais devenir folle.

Un soir que nous étions tous deux passablement frustrés, il me sauta dessus à l'improviste et, m'écrasant sur le lit (je suis menue), il me pénétra vaginalement par-derrière. Secouée, je tentais de le faire sortir de moi en essayant de lui tordre les testicules. Au lieu de cela, mes doigts s'attardèrent sur mon clitoris. Aussitôt, une série de chocs électriques traversèrent mon corps. J'oubliai toute rancœur et me livrai à une nouvelle exploration qui m'arracha mon premier méga-orgasme, tandis que mon amant se répandait, brûlant, en moi. Ce fut tout simplement miraculeux.

Depuis, je n'ai jamais eu de relation sexuelle sans orgasme…

Laure, 29 ans

41

L'électronicien

*M*on métier n'est pas banal. Mes clients sont riches et assoiffés de posséder le corps de l'autre. Je m'explique. Un homme très bien vient me voir. Dans l'antichambre de mon bureau se trouve une jeune femme. Là, mon client me demande de faire de sa maîtresse son esclave. Elle est d'accord, ajoute-t-il. L'homme sait que je fabrique toutes sortes de puces électroniques miniaturisées, que j'implante dans le cerveau des hommes et des femmes afin de stimuler leurs muscles et d'instiller des pensées et même des ordres dans leur tête. Il me donne la liste de ses exigences puis me laisse la jeune femme afin que je l'opère.

Elle se déshabille et s'installe d'elle-même sur la table d'opération. Je contemple ce corps sublime dans lequel je vais installer des microprocesseurs reliés à une télécommande. Je l'endors en songeant que, d'ici quelques heures, elle ne contrôlera plus ni ses attributs sexuels ni la montée même de sa jouissance. Son maître m'a demandé quelques petits extras auxquels la jeune femme ne s'attend sûrement pas.

Quand mon bistouri touche la chair fragile de son sexe, je jouis…

Anonyme

42

La machine à jouir

C'est un appareil qui m'a coûté la peau des fesses, mais il la vaut amplement. Ça doit être japonais. Une véritable aubaine. En plus, ça tient dans la main. Ce que je préfère, c'est l'avoir dans la poche de mon blouson et l'activer en le dirigeant vers une fille, belle de préférence, une de celles qui ne me regardent pas parce qu'elles se croient trop bien pour moi. Le meilleur endroit, c'est dans le métro, le soir, quand il n'y a presque plus personne. J'active alors l'appareil et, sans avoir l'air de lui prêter attention, je ne manque aucune des réactions de ma victime. Son pouls s'accélère, elle croit que la température a augmenté. Sa bouche devient sèche, elle se passe et repasse la langue sur les lèvres, ses yeux commencent à briller, elle se retient de regarder à la hauteur de ma ceinture. À ce stade, j'augmente l'intensité du rayonnement. Debout ou assise, qu'importe, elle agrippe maintenant le pilier métallique pour éviter de se mettre à trembler. Je sais que sa petite culotte est trempée, que ça la brûle, qu'elle a désespérément envie de plonger ses doigts sous sa jupe ou de me demander d'y plonger autre chose ; cette chose douce et dure et chaude à laquelle elle ne peut plus s'empêcher de penser et qui est près d'elle, tout près, à un bras, à une main de distance.

La prochaine station approche, la rame s'arrête, je sors… et je suis presque certain qu'elle va me suivre !

Jules, 43 ans

43
Un club très spécial

J'étais venu là pour vérifier si j'en étais vraiment capable. Dans le vestibule, on me remit un masque couvrant tout le visage, sauf la bouche et le menton. On me demanda aussi de me déshabiller entièrement. Un bouquet de parfums divers mêlés à l'odeur des corps échauffés me monta à la tête. Une femme nue m'offrit un alcool anisé. C'était comme dans mes rêves les plus fous : des hommes et des femmes masqués et nus comme moi en train de se donner du plaisir dans le plus grand des désordres. Quel bonheur de voir ces femmes anonymes donner, prendre et se donner. On repère un sein attirant, on le prend dans sa bouche. Un sexe de femme en fusion attend preneur tandis que sa propriétaire est occupée avec un énorme pénis? Je tends la main. On se fait prendre aussi. Heureusement, un geste suffit pour refuser si ça ne nous convient pas.

Après avoir joui, solitaire dans ma chambre, de ces images folles, je me dis que ce n'est pas là que je rencontrerai la femme de ma vie. Qu'importe, je m'endors déjà.

Bertrand, 30 ans

44
Le vrai nerf de la guerre

*J*e ne peux jamais m'endormir sans me caresser le clitoris avec mon vibrateur bien-aimé, que j'appelle Paul (car il ressemble beaucoup au membre de cet ancien amant). Les nuits d'angoisse où même Paul ne me suffit pas, je m'imagine une drôle de guerre, un camp de prisonniers quelque part dans le Nord, où je suis infirmière. Ces hommes, nous dit-on, représentent un danger pour notre avenir et il faut les mettre hors d'état de nuire. En un mot, les opérer. Je les vois, mignons, immobilisés sur une table d'opération, nus, certains en érection.

« Quel dommage, me dis-je, d'abîmer tout ça ! » J'accomplis ma tâche avec le plus de douceur possible. Une fine incision sur le ventre, un nerf, un seul, que je sectionne à contrecœur en tenant dans ma main ce qui très vite redevient mou.

Quel dommage, vraiment ! Mais ce n'est pas grave, j'ai enfin joui !

Anonyme

45
Baignade titanesque

*J*e me souviens très bien de la dernière fois que je suis allée à la mer. La plage noire de monde était bruyante, affolante de couleurs, dominée par celle de la chair exposée qui sentait le soleil et le sel. Nous étions, mon nouveau mari et moi, en lune de miel et, comme il nous était difficile de nous caresser allongés parmi tout ce monde (nous avions passé les trois premiers jours dans notre chambre d'hôtel), mon mari me proposa une baignade. La mer était houleuse et marbrée de gris à cause des nuages qui roulaient dans le ciel. Nous étions rejetés l'un contre l'autre par les vagues, enlacés, ventres soudés, haletant et crachant de l'eau salée entre deux baisers goulus. Aucun des baigneurs autour de nous ne vit les doigts de mon mari s'insinuer sous mon maillot de bain. Ce premier contact m'électrisa : brûlant était mon sexe, froide était la mer… dur était le membre délicieux de mon mari, qui entra en moi à l'instant même où une vague plus puissante que les autres faillit nous renverser.

Quelques nageurs furent un peu étonnés de m'entendre crier si fort alors que les vagues nous secouaient. Après tout, ce n'était pas le naufrage du *Titanic*! Non, mais quel orgasme titanesque!

Carole, 38 ans

46
Rien que lui

*J*e ne comprends pas ces femmes qui font l'amour avec un homme en s'imaginant être avec un autre (voire plusieurs autres). Moi, je ne vois que lui, son allure mâle et solide qui me liquéfie, ses yeux perçants un rien menaçants, ses mains qui ne craignent pas les profonds labeurs, sa bouche d'homme gourmand, son corps robuste et lourd écrasant le mien frêle et menu, son odeur chaude un peu animale que je respire et lèche sur son torse ; tout cela me rend folle avant le temps, c'est-à-dire juste avant de m'emparer de son membre qui est à la hauteur, à la grosseur et à la longueur du reste. Je suis écartelée et offerte à la torture délicieuse, sans aucune pudeur, en pleine lumière. Je goûte mon plaisir jusqu'à la lie… Juste avant le lever du soleil, nous mettons fin à nos souffrances divines dans une dernière étreinte.

Ensuite, je prends ma douche et je le sors du lit.

Kaline, 38 ans

47

Dégustation d'automne

Nous avions marché tout l'après-midi dans la forêt. Les frondaisons avaient sorti leur manteau écarlate, le soleil faisait monter du sol l'odeur un peu acide de l'humus et des feuilles mortes qu'un vent tranquille balayait sous nos pieds. Ma main serrait fort celle de mon copain et mes regards (les plus doux qu'un homme normalement constitué puisse imaginer) le priaient clairement de m'allonger sur ces tapis de feuilles rousses pour qu'enfin je sente son pénis dans mon sexe brûlant qui coulait,

coulait depuis quinze bonnes minutes, tandis que lui il continuait de m'expliquer les noms et les saveurs des champignons que nous croisions sur le chemin. Moi, c'est de lui que j'avais envie. Pouvais-je le plaquer contre un arbre (moi qui voulais au contraire être plaquée), sortir son engin et m'empaler dessus? Finalement, épuisés, nous finîmes par regagner notre chalet. Il alluma le feu de cheminée et alors (alors seulement!) il s'aperçut qu'il avait une fille pulpeuse sous la main et qu'elle avait très faim de lui. Heureusement, lui aussi était en appétit. Il m'étendit sur le plancher, m'arracha enfin ma jupe et ma culotte puis, en me caressant l'intérieur des cuisses, il me lécha langoureusement le sexe jusqu'à ce que… je ne lui en veuille plus du tout de m'avoir tant fait marcher !

Josie, 29 ans

48

L'électronicien II

$\mathcal{L}$a femme qui entra dans mon laboratoire était la plus laide que j'aie jamais vue. Moche mais riche. Très vite elle m'expliqua ce qu'elle voulait de moi. J'en fus scandalisé. Je n'avais pourtant pas grand-chose à faire. Je devais me rendre chez elle, où m'attendrait un homme. Un homme plongé dans un profond sommeil. Drogué. Un ami dont elle était secrètement très amoureuse et à l'égard duquel elle nourrissait de nombreux fantasmes. En fait, je n'avais qu'à lui implanter dans le cerveau une des puces microscopiques que j'avais inventées et qui influençaient la libido masculine. Ma cliente me fit modifier le programme de manière que son fantasme vivant ne puisse, après coup, se souvenir de rien (c'était très important pour elle).

Je l'imagine encore parfois, invitant son ami pour un thé sans conséquence. Soudain, au beau milieu d'une conversation, elle enclenche sa télécommande. La pauvre victime perd alors toute retenue et se jette sur elle, la prend comme elle le souhaite, la mange tout entière enfin comme elle l'a toujours rêvé, lui permet de réaliser ses désirs les plus secrets.

C'est beau la technologie !

Anonyme

49

Chers cousins

J'ai eu une enfance heureuse, spéciale-ment cette année passée à la campagne chez mes cousins, des jumeaux de mon âge. Comme leur maison était petite et que ma tante, cette chère femme, nous prenait tou-jours pour des enfants, nous partagions la même chambre. À mon grand regret, il ne s'est jamais rien passé (sans doute parce que mes cousins étaient trop niais)… sauf dans mon imagination !

Ils auraient pu décider de se partager mon corps. L'un aurait eu mon sexe, l'autre mes fesses ; ils auraient pris un sein et une main chacun et se seraient partagé ma bouche, sans que je m'y oppose trop. Ils auraient pu aussi me prêter à leurs amis ! Mes cousins n'étaient pas très forts en maths. Avec un peu d'astuce, en me proposant en échange à un garçon brillant (qui me plaisait), ils auraient pu obtenir de meilleures notes. Je les imagine m'exposant, nue, dans leur vieille grange et expliquant à leurs amis (en connaisseurs) ce que c'est qu'un sexe de fille, une belle paire de fesses, un anus mystérieux, un sein tendre et doux comme un pétale de rose, une bouche à l'intérieur de laquelle on se croit au paradis. Ils n'étaient pas riches non plus.

Quelles occasions ont-ils laissé passer! Car j'aurais très bien pu me faire caresser et lécher par tous les garçons de l'école, pour leur bien évidemment. Et si j'en juge par ce que sont devenus mes cousins (des célibataires frustrés), ils auraient certainement gagné à savoir comment donner du plaisir à une fille!

Claudine, 33 ans

50

Club-sandwich

J'aime rêver que je suis à bord d'un bateau où des couples d'inconnus s'embrassent et se caressent sans pudeur à la lueur de braseros et dans la brise marine. Petite et brunette avec des lunettes d'étudiante, je ne paie pas de mine. Pourtant un jeune homme m'aborde et prend ma bouche sans plus de présentation qu'un sourire carnassier. Sa langue est bonne, ses lèvres mangent les miennes ; il commence à me caresser les fesses, soulevant ma courte jupe, empoignant mes chairs tendres. Soudain, je sens un doigt s'insinuer sous ma petite culotte et me frotter l'anus. Je me retourne. Un deuxième homme m'entreprend par-derrière. Comme il me plaît, je tourne la tête et lui permets de m'embrasser avec passion tandis que l'autre me pétrit et me suce les seins.

Impatient, mon deuxième compagnon introduit son doigt humide dans mon anus, ce qui m'arrache un râle de plaisir mêlé de douleur ; mon premier, enhardi, enlève ma culotte et repère l'entrée de ma grotte déjà mouillée. Satisfaits, ils m'empalent l'un et l'autre, devant derrière, nous trois debout au milieu des embruns et des autres couples ; ils vont et viennent en moi, moi au milieu d'eux, les embrassant tour à tour, mes seins dans les paumes du premier, mes cheveux tirés par le second.

Quand ils me remplissent tous deux de leur sève brûlante, je joins ma voix à celle des autres femmes, en pensant que, dans la vraie vie, je suis trop respectueuse de mon corps pour accueillir un homme sans condom !

Noémie, 27 ans

51
Fatal 69

*D*ans le camp de prisonniers que j'imagine, je suis une infirmière chargée de l'exécution des couples trop indisciplinés. Ils s'aiment trop, disent-ils, pour accepter d'être séparés. Aussi, le commandant, un petit homme cruel qui ne doit jamais avoir connu l'amour, a-t-il mis au point une manière à la fois radicale et romantique de venir à bout de ces amoureux intempestifs.

Il les fait mettre en position 69 et les attache ainsi sur une table. Il insiste alors pour que le pénis de l'homme pénètre entièrement dans la bouche de la femme, et pour que le sexe de celle-ci emplisse complètement la bouche de son compagnon. «Jusque-là, pas de problème!» me direz-vous.

Oui, sauf que je jouis toujours quand je suis obligée de leur boucher le nez avec des pinces à linge…

Anonyme

52
La courtisane

*J*e suis née ainsi, je crois, même si, bizarrement, jusqu'à l'âge de 18 ans, je croyais encore en un amour unique, solide et romantique. Aujourd'hui, j'ai hissé la séduction à un art de vivre. Devant un homme qui m'intéresse, j'aime prendre, mine de rien, des positions et des attitudes aguichantes. Je m'en rends parfaitement compte et je ne plonge jamais totalement avec innocence dans les yeux de l'autre (quand nous prenons un café, par exemple). Je joue avec mes cheveux, lui frôle l'avant-bras, me mouille les lèvres avec

ma petite langue pointue et me penche volontiers vers lui pour qu'il profite de la vue.
Impudique aussi dans les mots que j'emploie,
des mots qui vont chercher loin dans les
symboles et les doubles et triples sens ; des
mots caressants qui fouillent et pénètrent
aussi agilement qu'un doigt. Oui, j'aime me-
surer sur l'homme l'impact de toutes ces
petites touches subtiles, et sentir, avec autant
de précision que si je tenais son sexe dans ma
main, monter son désir. Ses yeux brillent davantage, son souffle s'accélère, ses mains
hésitent, sa bouche s'assèche.

Je pourrais lui donner le coup de grâce en
lui murmurant à l'oreille : « C'est fou comme

j'ai le goût de laisser mes lèvres couvrir ton superbe membre. Ma bouche est brûlante et invitante. Mes oreilles n'aspirent qu'à accueillir tes gémissements. Approche, laisse-moi te sentir gonfler sous ma langue…» Mais ça manquerait de charme. J'attends que nous soyons dans la voiture avant de…

Kaline, 38 ans

53
La soirée

*E*lles existent, ces soirées spéciales, on me l'a assuré, mais je suis trop timide et trop romantique pour m'y rendre. Je préfère les imaginer.

Il y aurait plein de gens sans scrupules, une ambiance surchauffée, des femmes belles à mourir et des hommes qu'elles vénéreraient. Il y aurait surtout cette jeune fille simple, nue et attachée dans le vestibule. Écartelée, présentant tous ses orifices aux passants, elle attend. Jamais très longtemps, car il y a toujours un salaud prêt à profiter d'elle, qui baisse son pantalon et choisit son orifice. J'ai même vu la pauvre fille travaillée par plusieurs hommes simultanément, une femme laide à pleurer lui pinçant cruellement les seins tandis que son mari vidait son pénis dans sa bouche.

Moi, je ne rêve que d'une chose, enchaîner le garde, renverser le serviteur chargé de la nettoyer après chaque client et enfin la délivrer. Couvrir sa nudité avec mon blouson et l'emporter loin de cet enfer pour l'aimer tendrement comme une vraie femme.

Thomas, 44 ans

54
L'électronicien III

Je ne vous l'ai pas encore dit mais, si je suis génial, par contre je ne suis pas beau et les femmes ne veulent pas de moi. Pour les séduire, il ne me reste qu'une solution : la technologie. J'ai mis au point un appareil pour les hommes, nombreux, qui ont le même problème que moi. Il tenait dans la main mais, dernièrement, je l'ai perfectionné et l'ai monté sur une bague. Je n'ai plus qu'à me débrouiller pour inviter une femme à prendre un café (ce qui est déjà un exploit), puis, si j'ai de la chance, la reconduire chez elle. C'est là que ma petite invention me récompense de tous mes efforts. Je n'ai qu'à actionner ma bague pour que la méfiance et les résistances de la demoiselle faiblissent. La résonance hypnotique l'envahit, lui faisant croire que je suis l'homme sur lequel elle fantasme depuis toujours.

Dès lors, elle m'offre son corps et son âme et je peux enfin non seulement goûter sa peau et la caresser à volonté jusqu'à l'extase, mais aussi me blottir dans ses bras si chauds, si doux, si bons, pour un merveilleux voyage romantique.

Anonyme

55
Confession

J'ai toujours été amoureuse d'un homme qui ne peut pas se permettre d'en être un. Il n'appartient pas au commun des mortels. Je ne le vois pas, mais je l'entends et le son de sa voix grave, rauque, très sensuelle m'arrache des gémissements que je tente par tous les moyens d'étouffer.

La nuit, je rêve que je lui confie mes fantasmes les plus noirs. Je décris les choses crûment, en insistant sur les détails, pour le forcer à réagir, à lever le ton, à me dire autre chose que des mots de réconfort, autre chose que :

« Non, vous n'êtes pas anormale, ni cruelle, ni folle, seulement femme, et faible, et solitaire. » Parfois, je n'y tiens plus et souhaite de toute mon âme que sa main me touche (ce qui est impossible).

Alors, je me caresse en lui décrivant ce que je me fais, et je lui dis ce que je lui ferais à lui si nous n'étions pas dans un confessionnal et s'il n'était pas le curé de ma paroisse…

Berthe, 54 ans

56

L'élixir

*J*e suis belle et je le sais. J'ai le choix et ça me plaît, mais les hommes que je rencontre ne s'occupent que de mon corps, le plus souvent avec une maladresse d'ours affamé. C'est peut-être de ma faute car tout ce qui n'est pas musclé, viril et bronzé ne m'attire pas. Cela me vient de l'enfance, je crois, quand un garçon brun aux yeux noirs et à la peau brûlée par le soleil m'attira à l'écart au cours d'une fête d'anniversaire. C'était un soir d'été, nous étions en maillot de bain. Il me prit par le bras et me força à m'asseoir sur la plage, entre les rochers. Je me suis débattue et, j'ignore comment, sa bouche s'est retrouvée entre mes cuisses, là où il fait doux et chaud.

Plus tard, les hommes m'ont appris que je possède un avantage sur bien des femmes : j'ai bon goût. Un goût sucré, un peu mielleux, avec un soupçon de fruit. Dès lors, je n'ai cessé de rechercher un homme qui ressemblerait au garçon d'autrefois ; un homme assez raffiné, poète et doué de langue pour me boire des heures durant et me dire combien il aime mon élixir parfumé ; qu'il le dise, le récite et me l'écrive sur des feuilles de papier-parchemin signées de sa main.

France, 29 ans

57

La corporation

*D*isons que je serais en voyage en Extrême-Orient et qu'un lendemain de fête bien arrosée je m'éveillerais dans un endroit inconnu, sans affaires, sans passeport et tout nu. Devant moi, il y aurait une jeune Asiatique charmante, assise sur un tabouret, qui m'expliquerait le plus naturellement du monde qu'elle est dorénavant responsable de moi.

Où serais-je donc tombé ? « Et responsable en quoi, d'abord ? » Elle me prendrait le pénis et, avec l'habileté d'une experte en la matière, le manierait de façon à le faire se dresser comme un jeune coq. «De ça, répondrait-elle. Vous êtes prisonnier d'une organisation qui fait du commerce.» «Commerce de quoi?» Elle sourirait et, juste avant que j'éjacule sur ses mains, elle s'empresserait de tout recueillir dans un petit flacon moulé sur mesure. Ses petits doigts de fée ne lâchant pas mon pénis essoufflé, elle répondrait : «De ça. »

Elle reviendrait ponctuellement toutes les deux heures recueillir sa provision de «ça», me disant avoir de nombreuses autres cellules à visiter, sans jamais toutefois se plaindre de sa besogne, qui, je l'espère pour elle, lui rapporterait davantage que de travailler dans les rizières.

Mais qu'est-ce que «la corporation» pourrait-elle bien faire de «ça»?

Francis, 47 ans

58
La tourmenteuse

*M*a femme prend un temps fou à s'exciter. J'en ai mal au pénis, aux doigts et à la langue à force d'essayer. Au bout d'une heure et demie d'ouvrage même pas récompensé par un petit gémissement de rien, j'abandonne pour retourner à mon ordinateur. À l'entendre, il lui suffirait de pas grand-chose pour parvenir à l'orgasme et ça la frustre de me voir me retirer ainsi.

Un soir, afin d'éviter une dispute, je me couchai très tard (espérant qu'elle dormirait déjà) et sombrai dans un sommeil sans rêve presque immédiatement. Quelle ne fut pas ma surprise quand, du fin fond de mon sommeil, une chaleur agréable me ramena à la vie. C'était ma femme, accroupie au-dessus de mon pénis, qu'elle taillait et avalait langoureusement dans sa bouche brûlante. J'essayai de me retourner sur le ventre pour échapper à ce plaisir irrésistible (je devais me réveiller tôt pour une importante réunion), lorsque je m'aperçus qu'elle avait attaché mes poignets et mes chevilles aux montants de notre lit !

Ses yeux jetaient des éclairs et, refusant de me libérer, elle prit tout son temps (me ranimant autant de fois que nécessaire) pour parvenir à l'orgasme.

Je dois avouer que j'ai été tellement heureux de la voir enfin satisfaite que je me soumets désormais à toutes ses volontés…

Henri, 42 ans

59
La règle de trois

*L*e nombre *trois* est sacré dans toutes les civilisations et vous penserez peut-être que j'ai une drôle de façon de le vénérer. Je les avais tous deux rencontrés et testés séparément afin de cerner leurs désirs et leurs fantasmes. Ils ne se connaissaient pas. Depuis, ils sont comme deux frères ayant passé ensemble leur baptême du feu.

J'étais, moi, ce feu brûlant et invitant, pour cette relation pleine de folies et d'excès vécus dans un esprit de partage et de respect mutuel pour nos limites respectives. Je les ai laissés me pénétrer tour à tour et simultanément. Mieux encore, je les ai sentis m'envahir. Quand ils ont outrepassé nos pires scénarios pour se faire l'amour l'un à l'autre, j'ai découvert que de les voir s'aimer me plaisait tout autant. Ce soir-là, je les ai célébrés au porto et au chocolat, répandant le tout sur leurs deux pénis dressés, dégustant à pleine bouche jusqu'à la dernière goutte. J'ai dû laver mes draps plusieurs jours d'affilée… Mais ça, c'est quand la réalité a rattrapé le rêve.

Kaline, 38 ans

60

Le ravisseur

Je n'enlève jamais une femme sans avoir d'abord enquêté sur elle. Il doit s'agir d'une jeune fille saine, timide, jolie mais pas trop, célibataire et cherchant encore le Prince charmant. Je dispose de plusieurs méthodes pour les amener chez moi et les installer dans mon sous-sol isolé et aménagé. Ah oui ! j'oubliais, je suis anesthésiste de métier, pas très bien de ma personne et très malchanceux en amour.

Après l'avoir attachée avec des menottes enrobées de fourrure pour ne pas la blesser, je me présente à elle masqué. Mon but : lui faire découvrir les trésors cachés de son corps, lui faire atteindre des sommets de plaisir auxquels elle n'a même jamais rêvé. Cela peut prendre des jours, des semaines, qu'importe ! Je la nourris, la lave et en prends soin de façon complètement sécuritaire pour moi. Comprenez, je ne veux pas qu'elle m'échappe avant la fin de son initiation.

J'y vais progressivement, lui faisant entre autres découvrir ses seins, ses lèvres, ses cuisses, ses fesses, son sexe. J'utilise pour cela un équipement approprié. Je ne passe à une autre zone érogène que lorsqu'elle a joui de toutes les façons. Je lui parle aussi d'autre chose ; j'ai de la conversation et de l'humour. Quand, après quelques jours, elle me supplie de la libérer et de lui montrer mon visage, je refuse. Sécurité oblige.

Ce n'est que lorsqu'elle est totalement prête à affronter le monde et les hommes que je la libère, sans violence et avec tendresse (on s'attache)… en espérant qu'elle ne cherchera jamais à me retrouver…

Yvan, 42 ans

61

L'auto-stoppeur

J'en rêvais déjà alors que je n'avais pas encore de poil au menton. Chaque été, j'écumais en solitaire les routes du soleil, affichant ma jeunesse et un sourire d'ange. Un jour, une belle conductrice me prend à son bord. Il fait très chaud. Mes jambes sont bronzées, mon torse gonflé. Je la vois zieuter souvent en direction de ma ceinture. Elle a vite fait de comprendre que je suis sans destination et sans argent. Très vite aussi elle s'arrête au bord de la route. Je lui dis en baissant les yeux que je n'ai pas encore dix-huit ans. Ai-je

un toit pour dormir? me demande-t-elle
alors en faisant peser sa main si légère sur la
bosse qui tend le tissu de mon short. Elle
accepte de m'emmener avec elle, mais d'abord
il faut qu'elle vérifie quelque chose…

En imagination, je saute tout de suite à la
prochaine séquence. Restaurant, repas de
choix, ambiance méditerranéenne, de nombreuses jeunes femmes autour de nous.
Assise à mes côtés, elle caresse sous la nappe
ce qui lui appartient déjà vu qu'elle est la
première à y avoir goûté. Ça l'amuse de voir
ces filles qui me dévisagent sans rien deviner
car elle sait que c'est en elle que je vais finir
la soirée.

Aujourd'hui, je ne prends jamais d'auto-stoppeuse ; il est des choses qui doivent rester des rêves à jamais…

Claude, 41 ans

62

Vibrations en duo

*D*epuis que j'ai visité un sex-shop, j'imagine toutes sortes de choses avec mon mari. Le voir de loin en train de parler affaires avec son patron (à une *garden party* par exemple) et savoir qu'il est en érection m'excitent énormément. Comment en être sûre ?

C'est facile. Il existe des petits appareils commandés à distance que l'on peut fixer autour du pénis de son homme. J'appuie sur une touche de ma télécommande et aussitôt des chatouillements le rendent fou d'excitation au point de le faire rougir et bégayer.

N'ayez crainte, je ne suis pas un satyre. Lui aussi possède une télécommande et il ne s'en prive pas. Mon sexe se transforme alors en fournaise ; je bafouille devant mes amies, contracte les muscles de mon vagin pour atténuer le divin chatouillement ; je me mords même les lèvres dans mon verre de champagne afin de ne pas me mettre à gémir. Qui est le plus satyre des deux quand, enfin, aussi brûlants l'un que l'autre, nous nous arrachons nos vêtements à la moindre occasion (dans le placard de la maîtresse de maison, par exemple) et nous faisons l'amour comme de jeunes amants ?

Tout cela restera un rêve. Mon mari et moi sommes mariés depuis vingt ans et je n'ai encore jamais pu le traîner dans un *sex-shop*...

Alice, 47 ans

63
La grande vague

Nous aurions gagné une croisière pour deux dans les Caraïbes. Il faut ça pour arracher mon mari à son cellulaire et à son ordinateur. Le sexe, ça le fatigue. Courbatures, mal de dos… ramollissement du pic à glace garanti. Peut-être ne me trouve-t-il plus à son goût ? Mon tour de taille s'est arrondi un brin, c'est vrai, mais en moi il fait toujours aussi bon, aussi chaud. A-t-il oublié combien il y était bien ? « Le meilleur endroit pour mourir », disait-il à nos débuts.

Le roulis presque imperceptible, une légère ivresse due au mélange de l'alcool, du vent salé et de la musique exotique. Un nouveau parfum, un rien de magie et ma bouche plus douce, plus chaude, plus mouillée que jamais. Je l'entreprendrais avec vigueur et volupté. Sentir de nouveau son membre gonfler dans mes mains, le guider vers moi, en moi, l'engloutir, tous deux étendus sur un lit de fortune, gémir encore à l'idée qu'il entre en moi, me rappeler combien j'ai toujours aimé cette sensation de brûlure et de bien-être – me faire baiser (un mot si vulgaire pourtant !) avec la certitude qu'un tel acte est naturel et même indispensable à ma santé physique et mentale. Puis voir venir comme autrefois la vague énorme qui va me submerger. Faire l'amour enfin comme dans mes jeunes années et oublier ce vide qui s'est installé en moi.

Anne, 46 ans

64
La formule magique

Si mon amant me trompait, je deviendrais folle. Je l'aime trop. Ou, devrais-je dire, j'aime trop ce qu'il me fait ; ce qu'il m'a fait découvrir ; ce qu'il m'a fait faire. Je ne pourrais pas l'imaginer se donner à une autre et l'initier elle aussi à ces jouissances paradisiaques que nous avons connues et qui n'appartiennent qu'à nous. Oui, si je le soupçonnais d'infidélité, j'irais voir ma grand-mère. Elle vient des îles. Elle connaît des secrets.

J'attirerais mon amant et l'exciterais comme il m'a appris à le faire, en nous enivrant. Il sombrerait alors dans une telle fièvre sexuelle que je pourrais caresser son membre à loisir et lui prendre ce dont j'ai besoin pour le punir : un savant mélange de ce qu'il a, rouge et blanc. Puis j'en ferais une mixture à laquelle j'ajouterais une poignée de poils. Le lendemain, il aurait un peu mal, mais ce ne serait pas nouveau. Nous faisons tant d'abus !

Je modèlerais un pénis en argile sur lequel je ferais couler cette mixture en récitant les paroles rituelles. Je prendrais ensuite deux longues aiguilles à tricoter… et je vous jure que jamais plus il ne serait capable d'offrir à une autre ce qui n'appartient qu'à moi !

Leïla, 22 ans

65
Trop beau pour moi

*J*e pourrais tenter de le charmer, mais je sais qu'il n'est pas pour moi : il ne voit que les hommes. Toutefois, la chance existe. Il suffirait d'une simple alerte d'incendie.

Effrayés, nous nous engouffrons dans les cages d'escalier en nous demandant s'il y a réellement un incendie dans l'immeuble. Il fait noir car la génératrice ne fonctionne pas. J'ignore comment mais, dans la bousculade, je trébuche et nous nous retrouvons rapidement isolés, seuls dans l'obscurité. Par réflexe, je m'accroche à lui. Mon cœur bat à tout rompre. Je guette une fumée suspecte, une odeur âcre. Blottie dans ses bras, je guette aussi la montée de son désir. Il fait chaud, et pas seulement entre mes cuisses. Sent-il mes seins dressés contre sa poitrine? Mon sexe mouillé qui frotte le sien? J'enfouis ma bouche dans son cou, respire son odeur. Mes mains courent le long de son dos, se faufilent entre nos deux corps, se glissent dans son pantalon tandis que mes lèvres l'inondent de baisers ardents. Déséquilibrés, nous tombons au sol. Je ne vois toujours pas son visage. Il ne dit rien. Seul son souffle s'accélère quand ma main empoigne son sexe gonflé tandis que l'autre arrache un à un les boutons de sa chemise. Sans lâcher son sexe, je presse mes seins dans sa bouche, puis, reprenant mon souffle, je le guide en moi en murmurant : « Veux-tu goûter à une femme avant de mourir ? »

Agnès, 45 ans

66
L'offrande

Je ne m'offre jamais : je prends, et je donne quand on me supplie de le faire. Le scénario que nous avions mis au point, lui et moi, m'excitait et m'inquiétait à la fois. Arrivée dans ce hangar abandonné, je me demandais si ça n'allait pas mal finir ! Il était là, comme prévu, dans ce réduit gris et sale, couché sur le sol et cagoulé. Je fis comme il me l'avait demandé et le traînai jusqu'au mur, où des menottes avaient été fixées. Je l'écartelai brutalement, puis me mis à déchirer ses vêtements par petits bouts. Il gémissait quand mes ongles entamaient sa peau et, à un moment, je me suis demandé si je n'y allais pas trop fort. Pourtant, ses contorsions étaient révélatrices. Il aimait ça. De nombreux instruments étaient posés sur un tabouret. Il y avait aussi des gels, des huiles à massage, ainsi qu'une crème anale dont je me servis juste avant de lui faire sentir tout le bien qu'une femme ressent elle aussi quand elle est pénétrée. Son pénis pointait fièrement, presque violet tellement il était consentant. J'avais sous les yeux un homme dont je n'avais jamais vu le visage et qui m'était offert. C'est alors qu'un petit carnet attira mon attention. Perplexe, je me mis à le lire. Il contenait des instructions de sa main. Des choses qu'il voulait que je lui fasse. Je n'étais pas près de rentrer chez moi! En dernier, je plaçai le tabouret face à lui et montai dessus, collant mon sexe sur sa bouche. Doucement, je relevai le tissu de la cagoule et dus me retenir des deux mains sur ses poignets enchaînés tant le brave homme était affamé.

Signe indéniable qu'il avait apprécié le service…

Kaline, 38 ans

67
Les naufragés

*I*l y aurait eu un grand cataclysme. J'ignore comment (ce n'est pas important), mais nous nous retrouverions tous les quatre sur une île déserte. On se connaît déjà, on travaille dans le même magasin depuis trois ans. Bien sûr, elles seraient enfin obligées de me regarder…

La première à succomber serait la plus jeune, la timide, celle qui pleure quand on lui dit qu'elle a de jolis seins. N'y tenant plus, elle me laisserait y goûter en gémissant doucement tandis que les deux autres feraient semblant de ne rien voir (trop occupées à trouver de quoi manger). Je glisserais enfin mes doigts dans son petit sexe mouillé et je lui donnerais son premier orgasme.

À l'occasion d'une expédition de reconnaissance (pour connaître les limites de notre nouveau territoire), je m'attaquerais à la deuxième, colérique Espagnole à la bouche de marbre mais aux yeux de braise. D'abord je la ferais rire, je lui démontrerais mon intelligence et ma confiance en l'avenir (avec des phrases du genre : «On va bientôt nous sauver», ce que je ne souhaiterais nullement). Rassurée, elle me laisserait caresser ses jambes, monter le long de ses cuisses, m'arrêter sur ses fesses que je rêve d'embrasser depuis que je la regarde marcher dans notre magasin comme une reine. Laissant enfin sortir le feu qui couve en elle, elle s'empalerait sur mon membre dressé en poussant des vagissements épouvantables.

La troisième est une sculpturale déesse noire, fière et sauvage, qui ne parle jamais. Celle-là, il me faudrait la conquérir à la force du poignet, puis la dévorer doucement avec les lèvres, la langue, les dents, la transformer en volcan puis la boire goulûment à grandes lampées en serrant très fort ses seins gonflés et durs comme l'ébène jusqu'à ce que ses cris résonnent dans la jungle.

Nous pourrions ainsi contribuer tous les quatre à repeupler la Terre…

Alain, 27 ans

68
L'électronicien IV

Qu'ils ont l'air mal à l'aise ce vieil homme avec sa canne et cette jeune fille aux joues rondes et à la fière poitrine dans cette pièce vide, aseptisée, aux murs blancs et nus ! Unique élément de décoration : un énorme miroir encastré. Que doivent-ils faire ? Ils l'ignorent.

Soudain, la jeune fille se met à frissonner. Peu à peu, ses yeux bleus se mettent à luire bizarrement. Elle n'écoute plus le vieil homme qui marmonne, elle le fixe ; celui-ci fait un pas en arrière, tandis que la fille, tremblant de tous ses membres, commence à se caresser la poitrine. Bientôt, elle ondule des hanches, se mord les lèvres, gémit doucement, glisse une main sous sa jupe, alors que le vieux, serrant sa canne de toutes ses forces, cherche à ouvrir la porte, bloquée de l'extérieur. Quand il se retourne, la fille lui arrache sa canne, les mains tendues, suppliantes, le regard trouble. Tombant à genoux, elle enlace la taille de l'homme, enfouit son visage dans son entrejambe, déchire son pantalon, embouche son sexe recroquevillé. Paralysé de stupeur, le vieillard n'ose plus bouger. Au bout de quelques minutes, toujours aussi mou dans cette bouche si chaude, il murmure : « Excuse-moi. »

Debout de l'autre côté du grand miroir sans tain, une télécommande à la main, je décide d'arrêter là l'expérience. Aussitôt, la jeune fille semble retrouver ses esprits. À mes côtés, mon client est satisfait des résultats de ma nouvelle micropuce hypnotique implantée dans le cerveau de la fille. Il me sourit et me dit : « J'achète ! »

Anonyme

69
Sweet sex home

*A*près avoir lu la brochure, j'ai tout de suite répondu au questionnaire et l'ai renvoyé accompagné de mon paiement. Quelle aubaine ! Un endroit discret, un service trois étoiles, une possibilité de remboursement si je ne suis pas satisfaite… et des hommes virils garantis sains de corps et d'esprit.

En arrivant sur les lieux (un bâtiment désaffecté à moitié en ruine), je fus heureuse de constater que tout était conforme à ma demande. «Décrivez-nous votre fantasme le plus fou, disait le questionnaire, et nous le créerons pour vous. » Sachant ce qui m'attendait (mais n'osant trop y croire tant c'était excitant), j'avançais lentement et entendais le parquet grincer sous mes pas. En descendant les marches conduisant au sous-sol, je sentais mon sexe couler le long de mes jambes. Combien seraient-ils ? J'étais si nerveuse que je ne m'en souvenais plus.

Soudain, ils surgirent, immenses, les hanches ceinturées de cuir, le visage masqué (mais la bouche découverte), musclés comme dans mes rêves les plus fous et équipés de pénis dressés rien que pour moi. Ils m'attachèrent les poignets, me hissèrent à l'aide d'une poulie jusqu'à ce que mes pieds touchent à peine le sol. Je savais ce qui allait suivre, je l'avais moi-même imaginé, étape par étape. Avec des gestes brusques, ils m'arrachèrent mes vête-ments, leurs mains rudes partout sur mon corps ; ma jupe en lambeaux tomba dans la poussière.

Une sensation de froid envahit mes seins, mes fesses, mes cuisses et mon sexe. Puis ce fut la caresse de leurs bouches, leurs langues, leurs dents. Un doigt s'introduisit dans ma bouche. Je fus surprise de goûter sous ma langue un mélange de miel et de chocolat fondant. Voilà donc quelle était la surprise promise !

Ils me mangèrent pendant de longues mi-nutes, râpant de leurs langues mes seins dou-

loureux et mon sexe à vif. Puis, tel que con-
venu, ce fut mon tour : tous les quatre,
formes, longueurs, textures et goûts différents
dans ma bouche avide. Troisième étape (il
leur restait encore des ressources), ils vinrent
en moi deux par deux jusqu'à ce que, épuisée
et repue, je m'endorme divinement envelop-
pée dans huit bras chauds et puissants, chaque
partie importante de mon corps dans une
bouche.

À mon réveil, ils avaient disparu en me
laissant chacun une rose.

Johanie, 30 ans

Table des matières

INDEX THÉMATIQUE

Fantasmes romantiques

Fantasmes instructifs

Fantasmes salés

Fantasmes *hard*

Cet ouvrage
composé en caractères Bembo corps 9
a été achevé d'imprimer
sur les presses de l'imprimerie Gauvin
à Hull
le quatre février deux mille deux
pour le compte des éditions Trait d'union.

Imprimé au Québec